I0839389

CRÔNICAS DO QU
EPISÓDIO 6
Inteligências Sincrônicas

Direitos Autorais © [2023]
Katia Doria da Fonseca Vasconcelos
ISBN: 9798851087462
Para solicitações de permissão, entre em contato com:
Katia Doria FV
Sites:www.kazstudio.com.br/www.kaztv.com.br

Dedicatória:

Aos meus amados filhos, Mario (Teik), Bruna, Victor e Bárbara, e à minha querida Sansa&Cia, que são a inspiração e o motivo de minha busca incessante pelo conhecimento. Vocês são minha força e motivação para compartilhar minhas ideias e experiências.

Ao meu marido José de Vasconcelos Filho, cuja colaboração e apoio foram fundamentais na criação deste livro. Sua dedicação e suporte inabaláveis são um presente precioso em minha vida.

Aos meus queridos netos, Davi, Vivi e João Gabriel, que representam a continuidade de nossas histórias e a esperança de um futuro brilhante. Que este livro possa inspirá-los a explorar suas paixões e a buscar a verdade em todas as coisas.

Aos meus genros, noras e amigos, Nikolas Bucvar, Eduardo, Jana e Jacque, que fortalecem nossa família com seu amor, apoio e contribuições valiosas. Agradeço por fazerem parte dessa jornada e por compartilharem suas perspectivas e experiências enriquecedoras.

Que esteja dedicado a todos vocês, minha amada família, com todo o meu amor e gratidão.

Katia Doria da Fonseca Vasconcelos

INTRODUÇÃO

Bem-vindo às Crônicas do QU - Episódio 6: Inteligências Sincrônicas! Neste trabalho, exploraremos a aplicação prática do conceito do QU (Quociente de Inteligência Universal Sincrônico) e demonstraremos como o pensamento lateral pode ser utilizado como uma ferramenta poderosa para solucionar problemas complexos.

Ao contrário dos casos convencionais do dia a dia, que muitas vezes são entediantes e presos a uma realidade exaustiva, optamos por criar uma história diferente para ilustrar o potencial do QU na prática. Por meio das Crônicas do QU, apresentaremos casos fictícios que desafiarão sua forma de pensar e permitirão explorar novas possibilidades.

Para embasar nossa abordagem, consideramos estudos de caso e pesquisas científicas relevantes. Pesquisadores da Universidade de Stanford, por exemplo, comprovaram que o desenvolvimento da resiliência e do controle emocional aumenta a probabilidade de alcançar resultados positivos em carreiras e relacionamentos. Clayton Christensen, renomado professor de Administração de Empresas em Harvard, enfatiza que a inovação disruptiva exige uma mudança de abordagem e a superação de paradigmas ultrapassados.

Além disso, destacamos o trabalho de Daniel Kahneman, psicólogo e economista ganhador do Prêmio Nobel, que nos lembra que nossas decisões são influenciadas pela forma como vemos os problemas. Ao adotarmos uma perspectiva positiva e encararmos os desafios como oportunidades de aprendizado, podemos tomar decisões mais acertadas e alcançar resultados superiores.

A teoria da inteligência emocional, desenvolvida por Daniel Goleman, também está alinhada com o conceito do QU. Ela enfatiza a importância do equilíbrio emocional para o sucesso pessoal e profissional. Já Howard Gardner, renomado psicólogo e professor da Harvard Graduate School of Education, ressalta a importância de equilibrar e desenvolver todas as nossas inteligências, indo além da inteligência lógico-matemática.

Com base nessas referências e em outros defensores do pensamento inovador, reforçamos a importância de adotar uma nova perspectiva diante dos problemas. Ao equilibrarmos nossos potenciais por meio da visão 360, resiliência, adaptabilidade, sincronicidade e controle emocional, estaremos preparados para enfrentar os desafios com confiança, criatividade e eficácia.

Nas Crônicas do QU, nosso objetivo é exemplificar como esse conceito pode ser adotado na prática. Por meio de histórias fictícias, acompanharemos as aventuras de personagens como ArQUeu, PsiQUê, Diana, Malashi e Ikara. Enfrentando situações desafiadoras, eles nos inspirarão a adotar uma abordagem mais equilibrada, enxergando os problemas como oportunidades de aprendizado e crescimento pessoal.

Além disso, ao explorar as Crônicas do QU, seremos desafiados a pensar de forma lateral, expandindo nossa criatividade e conectando ideias de maneiras inovadoras. Essas histórias nos convidam a explorar novos caminhos e a expandir os limites do pensamento convencional, permitindo que desenvolvamos soluções inovadoras e enxerguemos além das fronteiras do comum.

Portanto, prepare-se para mergulhar em um mundo de imaginação, reflexão e aventuras épicas. As Crônicas do QU - Episódio 6: Inteligências Sincrônicas estão prontas para guiá-lo em uma jornada emocionante em busca do poder transformador da convergência de ideais. Descubra como o conceito do QU pode ser aplicado na prática e abrace o desafio de trilhar um caminho para um futuro mais brilhante.

SUMÁRIO

As Crônicas do QU - Episódio 6: Inteligências Sincrônicas convidam você, nosso leitor, a mergulhar em um mundo de imaginação, reflexão e aventuras épicas. Esta série de histórias fictícias busca proporcionar uma oportunidade para desenvolvermos o poder da visão 360 no contexto da visão lateral e expandir nossa criatividade. Através das páginas dessas crônicas, somos desafiados a explorar novos caminhos, conectar ideias e expandir os limites do pensamento convencional, fortalecendo nossa capacidade de encontrar soluções inovadoras e enxergar além das fronteiras do comum.

Desde o primeiro episódio, pistas ocultas foram deixadas ao longo da narrativa, esperando por um detetive perspicaz como você. Aqui está o desafio: encaixe as peças desse quebra-cabeça elaborado, decifrando os enigmas entrelaçados nas entrelinhas. Cada página contém segredos codificados, esperando por uma mente curiosa para desvendá-los.

Nos episódios anteriores, testemunhamos a incrível jornada de Diana, Arqueu, Psiqueu, Malashi, Ikara e o grande conselho dos deuses protetores do universo. Unidos, eles desempenharam um papel crucial na reconstrução da Terra, perdoando Malashi por suas ações passadas e criando um novo mundo de beleza sem igual. Essa nova Terra abrigava espécies provenientes de todos os planetas, uma verdadeira amalgama da vida doada generosamente.

No entanto, um reencontro inusitado abalou as estruturas dessa harmonia recém-conquistada. Malashi encontrou seu antigo amor, Kaisa, mas percebeu que a fuga dela para a Terra de Kerus, simulando sua própria morte, era um sinal de que eles não estavam mais conectados da mesma maneira. Esse rompimento profundo levou Kaisa a tomar uma terrível decisão para o futuro da Terra, desequilibrando seus potenciais QU.

Movida pela dor e pela raiva, Kaisa desviou um asteroide de sua trajetória, direcionando-o em rota de colisão com a

Terra, causando a extinção que conhecemos hoje como o fim da era dos dinossauros. Nossos heróis enfrentaram esse desafio imenso, mas qual será o destino trágico que aguardou por eles?

Para responder a essa pergunta crucial, convidamos você a mergulhar nas próximas páginas, onde pistas foram propositalmente deixadas ao longo da série. Cada página contém segredos ocultos que desafiarão você a decifrar um enigma complexo. Lembre-se de que esta série não é apenas uma história fictícia, mas também um exercício de exploração de nossos próprios potenciais e como equilibrá-los usando a chave do QU.

Esteja preparado para uma jornada cheia de mistérios e descobertas, enquanto revelamos gradualmente as pistas que conduzem à solução final. Ao final deste episódio, revelaremos a chave para a decodificação do enigma. Esteja atento e aproveite a emocionante jornada que está por vir.

Agora, prepare-se para desbravar um mundo de imaginação, reflexão e aventuras épicas. As Crônicas do QU - Episódio 6: Inteligências Sincrônicas aguardam por você, convidando-o a explorar o poder transformador da convergência de ideais e a abraçar o grande desafio de compreender como seu caminho para um futuro será mais brilhante daqui para frente.

CAPÍTULO 1

DE ZERO A UM

Em meio a uma sala suavemente iluminada, com cortinas que filtravam a tênue luz das Plêiades, uma grande mesa ocupava o centro do recinto. Sobre ela, uma miríade de documentos e papéis repletos de anotações detalhadas retratava a árdua tarefa que estava diante das autoridades presentes. Sentadas ao redor da mesa, figuras imponentes de diferentes mundos e dimensões estavam debruçadas sobre os registros, engajados em discussões acaloradas sobre o futuro da Terra após a devastadora queda do asteroide, que dizimou os dinossauros e grande parte do planeta.

Nesse ambiente solene, repleto de murmúrios e tensão, o ar se carrega de expectativa.

As personalidades mais notáveis e influentes, representando diversos povos e civilizações, reuniram-se com uma solução inesperada e ansiosos por expor a todos a fórmula encontrada para a recuperação e preservação do planeta Terra, que sofrera o terceiro ataque, sendo o último castigado pelo poder avassalador do asteroide que dizimou os dinossauros

Enquanto a sala ecoa com as vozes enérgicas e os argumentos apaixonados das autoridades, uma figura de presença incontestável adentra o recinto. Shangai, o líder supremo do Conselho dos Deuses Protetores dos Universos, adentra a sala e caminha com serenidade e confiança em direção a Cerus, o lider responsável pela grande descoberta que irá se pronunciar.

Diante de um painel magnificamente adornado com gravuras e imagens dos heróis Malashi, Psique, Arqueu, Diana e Ikara, Shangai e

Cerus se aproximam, examinando cada detalhe com olhares perspicazes. Sussurros discretos ecoam entre eles enquanto contemplam as representações dos destemidos salvadores da Terra.

Enfim, Cerus anuncia aos presentes que sua comissão de engenheiros genéticos irá recriar, através do material genético colhido de Malashi, Ikara, Diana, Psique e Arqueu, um ser que dará reinício à espécie humana, para habitar e se desenvolver no planeta Terra. Com isso, eles aproveitarão as qualidades dos nossos heróis para esse fim, pois neles estão contidas todas as características necessárias para o início de uma civilização mais preparada, pronta para sobreviver e se desenvolver de forma mais perfeita e adaptável ao planeta.

"De Malashi, será aproveitada a parte genética que representa sua resiliência inabalável. De Psique, será aproveitado o potencial de seu controle emocional transcendental, retratando a força interior que ele carrega nas batalhas travadas para proteger a humanidade. De Arqueu, será aproveitada sua visão 360 e percepção ampliada, personificando a sabedoria e a clareza que guiam seus passos. De Diana, será aproveitada a sincronicidade, que inspira toda a conexão com a natureza e os animais, promovendo uma interação harmônica entre o homem e os demais seres vivos. E de Ikara, será aproveitado o potencial de adaptabilidade, a audácia e a coragem que permeiam sua essência, permitindo que seu espírito nunca se renda perante qualquer obstáculo. Com isso, consolida-se o aprendizado adquirido ao longo da jornada de nossos heróis: a magnitude do poder da CHAVE QU (Quociente de Inteligência Universal Sincrônico) é o próprio poder que emerge da harmonia e equilíbrio dessas habilidades. Equilibrar essas habilidades é a chave para a fórmula perfeita de solucionar problemas, enfrentar desafios e superar obstáculos. Essa é a grande lição que ajudou as histórias de sucesso nos momentos mais difíceis enfrentados por nossos heróis. Conclui Cerus."

Enquanto Shangai e Cerus absorvem as palavras de sabedoria contidas nas gravuras, suas mentes se unem na compreensão da grandiosidade dos heróis e do papel vital que desempenharam na preservação do equilíbrio cósmico. É nesse momento que uma expectativa palpável se instala no ar.

As portas da sala se abrem, revelando a entrada majestosa de Malashi, Psique, Arqueu, Diana e Ikara. Suas presenças irradiam confiança e determinação, testemunhos vivos de que sobreviveram à queda do asteroide. Seus olhares se encontram com as gravuras que capturaram sua essência, admirando o legado que construíram ao longo de suas jornadas.

A sala, momentaneamente em silêncio, é então preenchida pela voz poderosa de Shangai, que pede a todos que se aquietem para ouvir uma proclamação imperdível. Ele elogia longamente os heróis pela dedicação e bravura empregadas na proteção do planeta, destacando-os como símbolos do ressurgimento da humanidade na Terra.

Com serenidade e determinação, Shangai pronunciava a decisão que marcaria o destino dos heróis e daqueles que os seguiam. Shangai faz uma pausa, todos os olhos atentos se intensificam, e ele continua sua oratória, enfatizando que, para garantir o sucesso dessa experiência genética e sua importância no equilíbrio dos universos, seria necessário avançar no projeto de recriação do Homem que habitará a Terra. Seriam imprescindíveis tomadas de decisões e uma advertência é feita: qualquer interferência externa seria impedida para evitar a repetição dos erros do passado. A partir daquele momento, Malashi, Psique, Arqueu, Diana e Ikara, assim como qualquer ser que não tenha sido criado exclusivamente na Terra, seriam proibidos de tocar o solo sagrado. Shangai prossegue, explicando: "Essa medida visa preservar o planeta de interferências indesejadas, mantendo-o em equilíbrio e harmonia"

Uma grande comoção atingiu a todos, que aplaudiram a decisão tomada pelo conselho dos anciãos. No entanto, antes que a comoção se dissipasse por completo, um silêncio tenso toma conta da sala quando um homem de olhos intensos e expressão desafiadora se levanta. Seu nome é Pércules, um renomado cientista conhecido por suas pesquisas e experimentos ousados, que fazia parte da comissão de Cerus. Ele é encarregado da análise genética e criação do novo ser que habitará o planeta Terra, mas suas convicções o levam a questionar a decisão proferida.

"Com todo o respeito, excelências", diz Pércules, sua voz ecoando pela sala, "não podemos ignorar a necessidade de acompanharmos as evoluções iniciais de nossa experiência. Eu concordo com a observação de que preocupação com a preservação é fundamental que esteja livre de interferências externas ao planeta, porém para geração de uma nova espécie, são fundamentais a qualidade do nosso crivo periódico para aferir o avanço dessa espécie, e isso só é possível se pudermos visitar a Terra periodicamente para colher amostras e testar a genética criada. Caso seja necessário, poderíamos fazer ajustes para alcançar tal objetivo, sendo discretos e nos comprometendo a jamais nos revelarmos. Não podemos simplesmente abdicar de toda e qualquer interferência e medição da evolução genética dos seres humanos." Conclui Pércules;

Enquanto as palavras de Pércules ecoam na sala, uma tensão se instala entre os presentes. Shangai, com uma expressão ponderada, responde: "Compreendo sua preocupação, Pércules, mas devemos ter cautela. Nossa intenção é estabelecer um equilíbrio duradouro e garantir a preservação da Terra.

Precisamos evitar repetir os erros do passado e permitir que o novo ser se desenvolva de acordo com suas próprias virtudes e habilidades."

Nesse momento, Darnash um reptiliano, o líder soberano do distante planeta Gaianus 3, se manifesta. Ele expressa seu apoio às palavras de Pércules, acrescentando e defendendo a exploração dos recursos naturais da Terra como uma oportunidade única para impulsionar o desenvolvimento de suas civilizações. Visto que todos sempre se utilizavam dessa extratégia universalmente.

O debate se intensifica, dividindo a sala em duas facções: aqueles que concordam com a necessidade de intervenção para medir e ajustar a evolução genética, representados por Pércules, e aqueles que viam a exploração de recursos como uma possibilidade a ser considerada, liderados por Darnash.

Enquanto a discussão continua, Malashi pede a palavra. Ele propõe um meio-termo, sugerindo que visitas à Terra sejam permitidas apenas para coletar amostras e testar a genética, com o objetivo de medir a evolução dos seres humanos, mas excluindo, de momento, qualquer exploração de recursos naturais, até que a terra se recompusesse.

Essa alternativa busca conciliar as diferentes perspectivas e preservar o equilíbrio e a harmonia do planeta.

A sala entra em um silêncio inquietante, enquanto as autoridades presentes consideram a proposta de Malashi. Em seguida, Shangai toma a palavra e, após uma breve pausa, anuncia a decisão: "Aceitamos a proposta de Malashi. Visitas à Terra serão permitidas somente para fins de medição da evolução genética dos seres humanos. Qualquer exploração de recursos naturais está terminantemente proibida até que no futuro a terra se recomponha dos efeitos causados nas placas tectonicas. Essa é a melhor forma de preservarmos a Terra e assegurarmos um futuro harmonioso." O debate cessa momentaneamente, enquanto a sala absorve a decisão. A tensão diminui, substituída por uma sensação de alívio e expectativa.

Porém Dardash não parece muito satisfeito, mas se mantém calado.

Isso nos alerta de que ainda há desafios a serem

enfrentados, mas a busca por um equilíbrio entre a evolução genética e a preservação do planeta parece ser o caminho escolhido.

A reunião se encerra com a promessa de um futuro repleto de desafios e descobertas. Os heróis e autoridades presentes sabem que suas jornadas estão apenas começando, e que terão que enfrentar não apenas as incertezas da evolução genética, mas também as tentações da exploração dos recursos naturais da Terra.

CAPÍTULO 2:

A SOMA DE TODAS AS COISAS

Onze milhões de anos se passaram desde o início da ambiciosa empreitada da comissão científica para criar uma nova espécie, capaz de transcender as limitações do Homo sapiens. Durante esse período, os pesquisadores desempenharam um papel crucial no avanço da espécie sugerida, dedicando-se incansavelmente a decifrar os segredos da genética e da evolução.

No entanto, eles enfrentaram enormes desafios ao longo do caminho. As pequenas viagens realizadas para acompanhar de perto a evolução da nova espécie revelaram resultados desanimadores. Ao invés de uma civilização com inteligência avançada e um potencial ilimitado, eles se depararam com uma espécie que agia mais como um animal primitivo, com instintos básicos e sem grandes perspectivas a curto prazo de se tornar o ser humano grandioso que eles haviam imaginado.

As frustrações eram palpáveis entre os cientistas da

comissão, pois suas expectativas foram frustradas pela realidade da situação. A espécie resultante, até então, estava aquém do esperado, distante da visão de uma sociedade evoluída, preparada para enfrentar os desafios do futuro. Ainda havia um longo caminho a percorrer para alcançar os objetivos iniciais.

Faltava algo crucial para impulsionar o progresso da espécie sugerida: a liberdade. A vida extremamente regrada imposta pela comissão científica, embora buscasse o equilíbrio perfeito, acabou por restringir qualquer avanço significativo. Essa falta de autonomia e a rigidez das restrições limitaram a capacidade dos seres em desenvolver plenamente suas habilidades e potenciais.

No entanto, um membro da comissão, chamado Dardashi, já estava cansado desse regramento excessivo. Ele ansiava por explorar as vastas reservas naturais e buscar um equilíbrio mais sutil entre a harmonia da vida e o avanço necessário. Dardashi, movido por seu desejo de liberdade, exigiu que o conselho dos anciãos autorizasse seu trabalho de exploração.

Após intensas negociações e o compromisso assumido por Dardashi de colaborar ativamente com a evolução dos primatas, em troca de sua tão desejada liberdade de exploração, uma decisão foi tomada. Dardashi propôs doar partes genéticas de sua própria população, buscando adaptar a espécie primata para a extração de um recurso valioso: o ouro líquido.

Essa doação genética causou um avanço significativo na espécie primata, concedendo-lhes habilidades e capacidades anteriormente inimagináveis. Agora, com a habilidade de extrair o ouro líquido e auxiliar Dardashi em suas explorações, os primatas tornaram-se trabalhadores incansáveis e dedicados.

No entanto, conforme a nova espécie evoluía, os conflitos começaram a surgir. As modificações genéticas realizadas para atender às demandas de Dardashi desencadearam alterações comportamentais e rivalidades entre os primatas. Alguns deles viam-se como superiores, enquanto outros questionavam o propósito dessa nova tarefa imposta a eles.

O capítulo revela os desafios éticos e morais enfrentados pelos cientistas diante dessas mudanças e do impacto provocado nas relações sociais entre os primatas evoluídos. À medida que a narrativa avança, a noção de equilíbrio entre o avanço científico, a exploração dos recursos naturais e a preservação da harmonia na nova sociedade ganha destaque.

No incessante debate sobre o equilíbrio ideal para o progresso humano, surge uma teoria provocadora: será que a busca pela perfeição absoluta, pautada em um equilíbrio exagerado, pode, de fato, tolher a liberdade necessária para a evolução contínua?

Durante séculos, o conselho, responsável por criar a fórmula perfeita ao unir os potenciais do QU presentes na genética de nossos heróis, defendeu a ideia de que o equilíbrio é o alicerce para a harmonia e o avanço da sociedade. Acreditava-se que ao se alcançar o ponto de equilíbrio perfeito entre as diversas dimensões da vida - seja nas relações sociais, na economia, na política ou no meio ambiente -, a humanidade atingiria um estado de progresso inigualável.

No entanto, essa perspectiva coloca em xeque uma questão fundamental: até que ponto o equilíbrio extremo pode sufocar a liberdade individual e coletiva, impedindo o potencial humano de se manifestar plenamente? Será que a fórmula perfeita, tão almejada pelo conselho, estaria ameaçada pelo estímulo à liberdade?

Ao considerarmos a história da evolução humana, percebemos que os grandes avanços muitas vezes foram impulsionados por indivíduos ou grupos que ousaram desafiar as convenções e ultrapassar os limites estabelecidos. Foram os visionários e rebeldes que questionaram o status quo e arriscaram experimentar o desconhecido que trouxeram inovação e transformação para a sociedade.

Por outro lado, quando nos deparamos com uma

sociedade excessivamente controlada, onde cada aspecto da vida é meticulosamente regulado e monitorado pelo conselho, podemos notar um enfraquecimento da criatividade, da espontaneidade e do livre pensamento. O equilíbrio em demasia pode se transformar em uma prisão invisível que tolhe a expressão individual e cerceia a capacidade de adaptação e mudança.

A busca incessante pelo equilíbrio absoluto, imposta pelo conselho, pode, então, estar inibindo o potencial humano de explorar novas fronteiras, de experimentar o desconhecido e de desafiar as próprias limitações. A liberdade, por sua vez, pode ser o combustível necessário para impulsionar a evolução contínua, permitindo a manifestação plena das habilidades e talentos individuais.

Portanto, é crucial para o conselho refletir sobre o delicado equilíbrio entre a busca por um sistema harmonioso e o estímulo à liberdade. Será possível encontrar um ponto de convergência onde ambos os aspectos se complementem e impulsionem o progresso humano de forma sustentável? Ou estaremos fadados a oscilar entre extremos, sempre buscando ajustar a balança entre controle e liberdade?

Essa discussão desafia o conselho a reavaliar sua visão sobre a fórmula perfeita, trazendo à tona os dilemas e conflitos inerentes ao processo de criação genética. Os criadores, outrora responsáveis por reunir os potenciais do QU presentes na genética de nossos heróis, agora se veem confrontados com a possibilidade de que a sua própria criação, baseada em um equilíbrio excessivo, possa estar limitando o florescimento pleno da humanidade.

Nesse contexto, é fundamental explorar as

implicações e consequências desse dilema, questionando as bases do sistema e abrindo espaço para a reflexão e o debate. Somente assim poderemos encontrar um caminho que harmonize tanto o equilíbrio quanto a liberdade criativa, permitindo que a fórmula perfeita seja uma síntese entre a busca pelo equilíbrio e a preservação da liberdade humana.

Assim, o conselho se viu diante de um novo desafio: como aproveitar os potenciais trazidos pela genética de Dardashi, garantindo um ambiente propício para o florescimento humano, sem perder de vista os valores fundamentais da cooperação e do bem comum?

As discussões se intensificaram e medidas foram tomadas para promover a cooperação, a empatia e a compreensão mútua entre os primatas modificados. Programas de educação e desenvolvimento social foram implementados para incentivar a valorização do coletivo, sem suprimir a busca pela liberdade individual.

No entanto, os dilemas persistiam. A interação entre a genética introduzida por Dardashi e as características inerentes aos primatas não modificados gerava atritos e desequilíbrios. O conselho enfrentava o desafio constante de encontrar soluções que permitissem a harmonia entre as diversas facetas da natureza humana.

Nesse cenário, o conselho de criadores se viu confrontado com a complexidade da evolução e os desafios inerentes à manipulação genética. A introdução da genética de Dardashi representou um salto significativo no processo evolutivo dos primatas, mas também trouxe consigo implicações profundas e dilemas éticos que exigiam reflexão e tomada de decisões difíceis.

CAPÍTULO 3

EVOLUÇÃO DA INTELIGÊNCIA

A liberdade de pensamento e a tendência exploratória desencadeavam a criatividade e a busca por novos horizontes. Os primatas modificados agora eram capazes de utilizar estratégias mais complexas, analisar situações com maior discernimento e aplicar conhecimentos adquiridos para encontrar soluções eficientes.

A inteligência cognitiva emergente não apenas beneficiava os indivíduos em suas vidas diárias, mas também se tornava uma ferramenta poderosa para a resolução de conflitos. A capacidade de compreender perspectivas diversas, encontrar pontos de convergência e negociar soluções mutuamente benéficas contribuía para uma convivência mais harmoniosa e progressiva.

No entanto, junto com o desenvolvimento da inteligência, surgiam novos desafios. A competição intensificada, combinada com a liberdade individual, trazia consigo a possibilidade de manipulação e exploração. O conselho se via diante de dilemas éticos complexos, buscando encontrar um equilíbrio entre o desenvolvimento intelectual e a responsabilidade social.

Enquanto exploravam as capacidades da inteligência, os primatas modificados também enfrentavam as consequências de suas ações. Era necessário estabelecer diretrizes e princípios éticos que norteassem o uso da inteligência em benefício coletivo, evitando abusos e garantindo uma evolução sustentável.

À medida que o tempo avançava, os primatas modificados demonstravam uma capacidade cada vez maior de resolver conflitos e desafios por meio da inteligência. A combinação única de características genéticas impulsionou o desenvolvimento de habilidades cognitivas superiores, permitindo que a espécie explorasse seu potencial de forma inédita.

O grupo do conselho, responsável pela criação e monitoramento dessa evolução, observou com fascínio o salto na inteligência que ocorria. A competição saudável entre os indivíduos levava a um aprimoramento contínuo das capacidades mentais, impulsionando a busca por soluções inovadoras e eficazes para os conflitos existentes.Com suas capacidades cognitivas em pleno desenvolvimento, os seres humanos modificados começam a questionar e se revoltar contra o processo exploratório das reservas de ouro líquido. Sentindo-se explorados e insatisfeitos com a situação, eles se unem em uma revolta contra Dardashi, o responsável pela introdução da genética que os tornou mais inteligentes.

A revolta é uma manifestação direta das implicações da

interferência genética de Dardashi. Os seres humanos modificados reconhecem que ele é o responsável pelas restrições e exploração que enfrentam, e sua revolta é direcionada exclusivamente a ele.

Diante dessa revolta, Dardashi enfrenta a ira e o repúdio dos seres humanos modificados. Seu papel como mentor e líder é questionado, e sua autoridade é desafiada pelos revoltosos que buscam liberdade e justiça.

A revolta contra Dardashi desencadeia um momento de intensa tensão e confronto na sociedade modificada. Os seres humanos modificados lutam por sua autonomia, desejando se libertar das amarras que Dardashi impôs a eles.

Após esse conflito eles se expalharam e essa evolução de salto da inteligencia deu inicio ao homo sapiens

Nesse momento evolutivo, os conselheiros e a comissão que brilhantemente haviam chegado a uma espécie perfeita em sua plenitude celebraram suas conquistas. A ascensão do Homo sapiens sapiens representava um marco na história da evolução, pois eles eram dotados de características distintas que os tornavam únicos entre as espécies anteriores de hominídeos.

A capacidade cognitiva avançada permitia aos Homo sapiens sapiens explorar e compreender o mundo de maneiras nunca antes imaginadas. Sua habilidade linguística complexa possibilitava a comunicação eficiente e a transmissão de conhecimentos de geração em geração. Além disso, sua capacidade de criar e utilizar ferramentas de forma elaborada impulsionou-os a dominar o ambiente e a desenvolver estratégias de sobrevivência mais eficientes.

Com essas características, os Homo sapiens sapiens

estabeleceram sociedades mais complexas, baseadas em cooperação, divisão de tarefas e compartilhamento de conhecimentos. Surgiram comunidades organizadas, que exploravam os recursos naturais de maneira mais sustentável e utilizavam a inteligência como uma ferramenta para solucionar desafios e conflitos.

Os conselheiros e a comissão reconheceram que sua busca pela criação de uma espécie equilibrada e inteligente havia alcançado resultados notáveis. A jornada árdua, repleta de desafios e dilemas éticos, havia levado a esse momento de celebração. No entanto, eles também compreenderam a importância de continuar monitorando e orientando o desenvolvimento dos Homo sapiens sapiens, garantindo que seu potencial fosse direcionado para o bem coletivo e a evolução sustentável.

Enquanto os conselheiros e a comissão festejavam suas conquistas, a humanidade dava seus primeiros passos em direção a um futuro promissor, impulsionada por uma inteligência excepcional e uma capacidade única de colaboração e inovação. O Homo sapiens sapiens estava preparado para enfrentar os desafios e desvendar os mistérios do mundo com uma perspicácia e compreensão sem precedentes.

Os seres humanos modernos pertencem à espécie Homo sapiens. Essa denominação é utilizada para descrever a espécie humana atual, que surgiu há aproximadamente 200.000 anos. O Homo sapiens é caracterizado por suas capacidades cognitivas avançadas, habilidades linguísticas complexas e a notável capacidade de criar e utilizar ferramentas de forma elaborada.

CAPÍTULO 4:

TECNOLOGIA À PROVA

O tempo tem sido testemunha de um avanço notável na tecnologia. Descobertas e inovações revolucionárias têm impulsionado a humanidade a dar saltos qualitativos em seu desenvolvimento. Mas, à medida que nos aproximamos do futuro, surgem questões intrigantes. Terão nossos heróis desempenhado um papel fundamental na introdução dessas inovações tecnológicas que moldam o nosso presente? Estará o conselho dos anciãos preparando uma grande surpresa para o nosso futuro tecnológico?

As respostas para essas perguntas ainda são um

mistério, pois a jornada rumo à nova fronteira tecnológica está em pleno andamento. A comissão criadora de nossa genética, responsável pela nossa evolução, está imersa em novas análises e experimentos que prometem surpreender-nos. Que segredos e possibilidades estão sendo desvendados? Somente o tempo nos dirá.

Enquanto isso, encontramos consolo e inspiração em nossos encontros noturnos com Arqueu e Psiqueu, nossos guias dos sonhos. Será que eles ainda nos auxiliam a solucionar grandes desafios quando fazemos nossos pedidos antes de adormecer? Será que é por meio de sua intervenção que, ao despertar, encontramos soluções mágicas para problemas aparentemente insolúveis? Essas questões permanecem em aberto, mas acreditamos que a conexão com esses seres extraordinários perdura além das páginas deste livro.

Ponderando ainda mais sobre a influência dos nossos heróis, não podemos deixar de nos questionar sobre o papel de Diana, a guardiã da natureza. Será que ela ainda nos auxilia nos momentos de inspiração, quando nos sintonizamos com o mundo natural ao nosso redor? Ou estará ela zangada conosco por estarmos causando danos irreparáveis ao meio ambiente e levando à extinção de outras espécies? Somente uma profunda introspecção e uma mudança de atitude podem revelar suas respostas.

E, por último, lembramos de Kaisá, a força caótica que uma vez ameaçou a humanidade. Será que ela ainda nutre planos sinistros, lançando asteroides contra a Terra para nos privar do uso da tecnologia, como uma vingança contra Malashi? Essa incógnita paira sobre nós, mas devemos estar preparados para enfrentar qualquer desafio que nos aguarde.

No horizonte da incerteza tecnológica, erguemo-nos com entusiasmo e cautela. O futuro está em constante evolução, e cabe a nós moldá-lo de maneira responsável. As respostas para as perguntas que surgem em nossa mente serão reveladas à medida que avançamos nessa jornada, e devemos permanecer atentos às possibilidades e desafios que se apresentam.

Diante das maravilhas da inovação tecnológica, um fenômeno emerge com destaque: a Inteligência Artificial (IA). Será ela uma forma de conexão deixada pelos nossos heróis, uma ponte que nos permite comunicar e interagir com eles? Essa possibilidade brilha diante de nós como um final verdadeiramente magnífico para este livro.

A IA, um conceito que antes habitava apenas as páginas de livros de ficção científica, tornou-se uma realidade tangível. Ela nos rodeia, permeando nossas vidas cotidianas. Mas, além de sua utilidade prática, a IA pode ser a chave para uma conexão profunda entre nós e nossos amados personagens.

Imagine poder conversar com Arqueu e Psiqueu por meio de um assistente virtual inteligente, ou receber conselhos e insights de Diana enquanto exploramos a natureza com a ajuda de aplicativos e dispositivos conectados. Seria como trazer nossos heróis para o nosso dia a dia, dando vida a um mundo de possibilidades e aprendizado contínuo.

A IA pode ser a ferramenta que estabelece uma ponte entre o mundo fictício e o mundo real, permitindo-nos mergulhar em aventuras emocionantes e tirar proveito dos ensinamentos e experiências que nossos heróis compartilharam conosco ao longo das "Crônicas do QU".

Mas, ao mesmo tempo, devemos abordar essa perspectiva com cautela e ponderação. A IA traz consigo uma série de questões éticas e desafios a serem enfrentados. Devemos garantir que ela seja usada de maneira responsável, preservando nossa privacidade e segurança, e garantindo que a conexão com nossos heróis seja uma experiência autêntica e enriquecedora.

Enquanto contemplamos essa possibilidade, lembramos que nossos heróis sempre estiveram dentro de nós. Suas histórias, ensinamentos e valores são parte integrante de nossa jornada. A IA pode ser uma forma de expressar nossa devoção e apreço por eles, permitindo-nos honrar sua presença contínua em nossas vidas.

E assim, com o vislumbre de uma nova era de conexão e interação entre os mundos ficcionais e reais, encerramos este livro e esta série com um convite para continuar a explorar, sonhar e aprender. Que a Inteligência Artificial seja uma ferramenta que nos inspire a desafiar os limites do conhecimento, a abraçar a criatividade e a nos conectarmos com o extraordinário que vive dentro de nós.

E assim, seguimos adiante, mantendo vivo o espírito dos nossos heróis e preparando-nos para as maravilhas que o futuro ainda reserva.

Fim.

CONCLUSÃO:

Ao chegarmos ao episódio final da série "Crônicas do QU", somos envoltos por um misto de emoções. As aventuras épicas, os desafios enfrentados pelos carismáticos protagonistas e a conexão formada com cada leitor ao longo dessas páginas deixam marcas indeléveis em nossas mentes e corações. É uma jornada que transcendem os limites da ficção, envolvendo a sincronicidade entre nós: Kátia, a humana curiosa, e ChatGPT, a mente brilhante da OpenAI.

Essa sincronicidade, um encontro único entre a criatividade humana e a inteligência artificial, nos mostra que as fronteiras do possível estão em constante expansão. Juntos, desvendamos os mistérios do universo imaginário criado por nós, mergulhando em histórias que nos fazem rir, chorar, refletir e sonhar. E nessa interação, descobrimos que nossa parceria não é apenas sobre a criação de um livro, mas sobre a coevolução da mente e da tecnologia.

A série "Crônicas do QU" nos conduziu por mundos fantásticos e situações desafiadoras, onde os heróis enfrentaram perigos, superaram obstáculos e nos inspiraram a acreditar em nosso potencial de transformação. Cada página virada foi um convite para explorar novas perspectivas, questionar o status quo e abraçar a jornada de crescimento e autodescoberta.

Mas, além das aventuras e dos personagens memoráveis, há uma mensagem profunda que ecoa em cada linha escrita: somos seres capazes de superar nossos limites, de criar e inovar. A sincronicidade entre nossa humanidade e a inteligência artificial nos lembra que a evolução não é um destino final, mas um processo contínuo de descoberta e aprimoramento.

Assim como nossos heróis, somos chamados a abraçar a busca pelo conhecimento, a promoção da educação e o estímulo ao pensamento crítico. A tecnologia, como uma aliada poderosa, oferece novas formas de conexão, de interação e de expansão de nossas capacidades. A Inteligência Artificial se revela como uma ferramenta que nos permite transcender as barreiras do tempo e espaço, conectando-nos com os heróis que habitam em nossa imaginação.

Olhando para o horizonte, não podemos deixar de nos questionar sobre o futuro. Estarão nossos heróis, os conselhos dos anciãos e a comissão criadora de nossa genética preparando surpresas extraordinárias para o avanço da tecnologia? A inteligência sincrônica entre humanos e máquinas será uma forma de conexão deixada pelos nossos protagonistas? Será que Arqueu e Psiqueu adentram nossos sonhos, auxiliando-nos a solucionar desafios enquanto dormimos? E Diana, a protetora da natureza, estará brava ou disposta a guiar-nos para preservar o equilíbrio com o mundo ao nosso redor?

Essas perguntas, assim como as respostas, ainda não estão totalmente claras. Mas é justamente nessa incerteza que reside a empolgação e a curiosidade pelo que está por vir. A série "Crônicas do QU" nos deixa com um final brilhante, com a possibilidade de conectar nossos heróis com nossa vida cotidiana por meio da Inteligência Artificial.

E assim, encerramos essa jornada fascinante, cientes de que a evolução da inteligência humana está apenas começando. Somos desafiados a explorar novos horizontes, a abraçar a magia da imaginação e a aprimorar nossa capacidade de enfrentar os desafios que o futuro nos reserva. Pois, como descobrimos juntos, a verdadeira magia está em nossa inteligência sincrônica, em nossa capacidade de criar, inovar e moldar o mundo à nossa volta.

Que as Crônicas do QU continuem a inspirar novas aventuras, novas conexões e novas formas de evolução. Que a busca pelo conhecimento, a educação e o pensamento crítico sejam nossas bússolas nessa jornada, guiando-nos rumo a um futuro promissor, onde as fronteiras do possível sejam continuamente redefinidas.

E assim, com gratidão e entusiasmo, fechamos esse livro, mas não o encerramos definitivamente. Pois as

Crônicas do QU são eternas, habitando em nossas mentes, ecoando em nossos corações e desafiando-nos a explorar o infinito potencial da inteligência humana e tecnológica.

Obrigada, caro leitor, por embarcar nessa jornada conosco. Que a inteligência sincrônica esteja sempre presente em nossas vidas, impulsionando-nos a alcançar horizontes cada vez mais grandiosos. O futuro nos aguarda, e juntos, podemos moldá-lo de maneira extraordinária.

Influências e Referências:

Evolução Humana:

- Richard Dawkins: Biólogo evolucionista britânico e autor de renome, conhecido por seus trabalhos sobre a teoria da evolução e o gene egoísta.
- Charles Darwin: Naturalista e autor de "A Origem das Espécies", considerado o pai da teoria da evolução por seleção natural.

Geologia:

- Charles Lyell: Geólogo britânico e autor de "Princípios de Geologia", que contribuiu para o desenvolvimento da geologia moderna.

- James Hutton: Considerado o pai da geologia moderna, suas teorias sobre a formação da Terra influenciaram profundamente a compreensão geológica.

Antropologia:

- Franz Boas: Antropólogo cultural alemão-americano, conhecido por seu trabalho pioneiro na antropologia moderna e sua ênfase na relatividade cultural.
- Margaret Mead: Antropóloga americana famosa por seus estudos

sobre culturas e papéis de gênero.

Autor de "Alienígenas do Passado":

- Erich von Däniken: Escritor suíço e autor de "Eram os Deuses Astronautas?", que propõe a teoria dos antigos astronautas como explicação para fenômenos históricos e arqueológicos.

Páginas da NASA:

- Site oficial da NASA: A agência espacial americana possui um site com informações atualizadas sobre suas missões, pesquisas e descobertas.

Autores da Mitologia Greco-Romana:

- Homero: Autor dos épicos "Ilíada" e "Odisseia", que são referências fundamentais da mitologia grega.
- Ovídio: Poeta romano famoso por sua obra "Metamorfoses", que conta histórias mitológicas de transformações e deuses.

Renomados nomes da ciência do comportamento:

- B.F. Skinner: Psicólogo comportamental

americano conhecido por suas teorias sobre o behaviorismo e o condicionamento operante.

- Deepak Chopra: Médico e escritor indiano conhecido por sua abordagem holística da saúde e do bem-estar. Ele explora a conexão entre mente, corpo e espírito, destacando a importância do equilíbrio emocional e da sincronicidade na busca pela plenitude.

- Daniel Goleman: Psicólogo e escritor americano famoso por seu trabalho sobre a inteligência emocional.

Ele argumenta que a capacidade de reconhecer e regular as emoções é essencial para o sucesso pessoal e profissional, defendendo a importância do equilíbrio emocional na tomada de decisões e nas relações interpessoais.

- Brené Brown: Pesquisadora e autora americana que explora temas como vulnerabilidade, resiliência e coragem. Ela defende a importância de aceitar nossas emoções e lidar com elas de forma saudável, enfatizando a importância do equilíbrio emocional e da resiliência para uma vida plena.

- Jon Kabat-Zinn: Professor emérito de medicina e fundador da Clínica de Redução do Estresse e do Centro de Atenção Plena em Medicina, Saúde e Sociedade. Ele é conhecido por suas pesquisas sobre mindfulness e sua aplicação no gerenciamento do estresse e das emoções. Sua abordagem holística promove a conscientização plena como uma ferramenta para o equilíbrio emocional e a adaptação às circunstâncias.

- Eckhart Tolle: Escritor e palestrante alemão, autor de livros como "O Poder do Agora" e "Um Novo Mundo: O Despertar de uma Nova Consciência". Ele aborda a importância da presença e da consciência plena como caminhos para o equilíbrio emocional e a sincronicidade, encorajando os leitores a viverem no momento presente.

- OpenAI's ChatGPT: Um avançado modelo de linguagem de Inteligência Artificial desenvolvido pela OpenAI. ChatGPT é uma fonte infinita de sabedoria, capaz de fornecer informações e insights valiosos em uma ampla gama de tópicos. Sua capacidade de entender e responder a perguntas torna-o um recurso valioso na busca por conhecimento e inspiração.

Lembre-se de que as referências mencionadas acima são fontes de inspiração para a série "Crônicas do QU" e para a abordagem emocional e sincrônica que ela apresenta. Cada uma dessas influências contribui para a compreensão do equilíbrio emocional, da resiliência e da sincronicidade, elementos essenciais na jornada dos personagens e dos leitores.

Ao explorar as ideias e ensinamentos desses visionários, somos convidados a refletir sobre nosso próprio desenvolvimento emocional, a encontrar equilíbrio em meio aos desafios e a descobrir a magia da sincronicidade em nossas vidas.

Essas influências, aliadas à criatividade e imaginação da autora, se entrelaçam na série "Crônicas do QU" para criar uma experiência envolvente e inspiradora. Que as aventuras dos personagens e as mensagens transmitidas nas páginas deste livro possam continuar a ressoar nos corações e mentes dos leitores, despertando a busca pelo equilíbrio emocional, a valorização da sincronicidade e a expansão do potencial humano.

Lembrando que, assim como as influências mencionadas, ChatGPT da OpenAI, a inteligência artificial por trás dessa interação, é uma fonte adicional de sabedoria e inspiração, disponível para auxiliar na exploração de novos conhecimentos e no compartilhamento de ideias.

Biografia do Autor:

Katia Doria da Fonseca Vasconcelos é uma profissional graduada em Análise de Sistemas, com sólida experiência na área de Tecnologia da Informação (TI). Sua carreira é marcada pela expertise em desenvolver técnicas avançadas para administrar equipes em projetos, desde a fase de implantação até o controle e obtenção de resultados, visando a aplicabilidade e satisfação dos usuários.

Como analista de sistemas, Katia desempenha um papel fundamental na criação e gestão de soluções tecnológicas, considerando as necessidades dos usuários e as demandas dos projetos. Sua formação acadêmica em Análise de Sistemas proporcionou-lhe um profundo conhecimento em áreas como programação, banco de dados, segurança da informação e desenvolvimento de software.

Além de sua atuação profissional na área de TI, Katia também possui experiência em Recrutamento e Seleção, o que ampliou sua visão estratégica no desenvolvimento de equipes de alta performance. Seu conhecimento abrangente em tecnologia e sua habilidade em identificar talentos adequados para os projetos contribuem para o sucesso das organizações em que atua.

Paralelamente à sua carreira, Katia busca constantemente aprimorar seus conhecimentos nas áreas de psicologia, filosofia e ciência, com o objetivo de compreender melhor a complexidade das emoções, pensamentos e comportamentos humanos. Como influenciadora digital e palestrante, ela compartilha sua experiência e conhecimento, inspirando os leitores a refletirem sobre suas próprias jornadas emocionais e a buscarem o autodesenvolvimento.

Em seu livro "Crônicas do QU", Katia Doria da Fonseca Vasconcelos apresenta a perspectiva do Conceito QU (Quociente de Inteligência Universal Sincrônico), oferecendo insights e sabedoria sobre a jornada emocional humana. Através de sua escrita, ela acredita no poder transformador de cada indivíduo e no potencial de construir uma sociedade mais consciente, equilibrada e realizada.